AF250751

L'INTERNATIONALE

ET LA

GUERRE CIVILE

EN FRANCE

PAR

Le comte Alfred DE LA GUERONNIÈRE

BRUXELLES		PARIS
Vital Puissant, éditeur		E. Dentu, libraire-éditeur
LIBRAIRIE COSMOPOLITE		Palais-Royal, 17 & 19
14, Grand'Place, 14		Galerie d'Orléans

1871

COMMUNE.

I

L'Internationale.

La Guerre civile en France, tel est le titre de l'Adresse
que vient de publier, à Londres, le conseil général de
l'Internationale. Cet exposé de principes, car c'en est ún,
ne comprend pas moins de trente cinq pages de texte
serré et compacte.

Toutes les nationalités sont représentées dans le conseil de l'association, où paraît toutefois dominer l'élément
allemand. L'Adresse est dédiée à tous les membres habi-
tant l'Europe et les États Unis. Elle a pour but essentiel
d'expliquer et de justifier les actes de l'Internationale,
et surtout ceux de la Commune de Paris. A ce titre, elle
mérite donc l'attention publique, et nous allons en faire
connaître les principaux passages, afin que, pièce officielle
en main, on puisse se faire une idée exacte du but que
poursuivent les hommes qui viennent, en face de l'étranger, de provoquer la plus terrible des guerres civiles,
de couvrir notre pays de ruines, et qui annoncent ou-
vertement et audacieusement leur intention de continuer
la lutte contre la civilisation.

Les auteurs de l'Adresse, — et quelques passages semblent indiquer que Karl Marx a tenu la plume, — affirment, sans doute pour donner une idée de leur patriotisme, que « toute guerre nationale n'est qu'un *humbug* gouvernemental, destiné à différer la lutte entre les classes; » — que « les événements de France, du 4 septembre aux incendies de Paris, ont été le résultat d'une conspiration organisée pour étouffer la révolution sous le patronage de l'étranger envahisseur; » — que « la Commune est essentiellement le gouvernement des classes ouvrières, le produit de la lutte de la classe qui produit contre celle qui s'approprie la production, la forme politique enfin trouvée, grâce à laquelle on arrivera à l'émancipation économique du travail; » — enfin que les ouvriers de Paris ont commis un acte héroïque en incendiant la capitale, et que c'est M. Thiers qui a mis à mort les otages, et son gouvernement qui a commis tous les crimes imaginables.

Ces assertions et leur développement remplissent quatre chapitres, dont le troisième — celui qui a rapport aux principes communeux — est le plus considérable. Nous allons donner la plus grande partie de ce dernier, nous bornant à analyser les autres. Puissent nos hommes d'État ne pas perdre de vue la déclaration que les meneurs de l'Internationale jettent à la face de la civilisation et que voici :

« Depuis la Pentecôte de 1871, il ne peut y avoir ni paix ni trêve possible entre les ouvriers français et ceux qui confisquent le produit de leurs travaux. La main de fer d'une soldatesque mercenaire peut tenir pendant quelque temps ces deux classes sous un joug commun ; mais la lutte se renouvellera sans cesse, toujours plus grande, et son résultat ne peut être douteux, car c'est une infime minorité et une immense majorité qui sont en présence: les propriétaires et la classe ouvrière. »

Le premier chapitre de l'Adresse traite de la révolution du 4 septembre et de la proclamation de la république « par les ouvriers de Paris. » Le gouvernement de la défense nationale y est qualifié de « gouvernement de la trahison nationale. » Le premier acte « des chercheurs de place qui s'étaient emparés de l'hôtel de ville » a été d'envoyer M. Thiers à toutes les cours de l'Europe « pour solliciter une médiation en offrant de troquer la république contre un roi. » La défense de Paris aurait été, dès le 4 septembre, reconnue impossible par le général Trochu ; MM. Thiers, Favre et autres n'y auraient trouvé qu'un prétexte pour satisfaire leur ambition personnelle et vaincre, non les Prussiens, mais la classe ouvrière ; enfin, la capitulation de la capitale aurait clos la série de ces trahisons, dont les chefs du gouvernement, comme il était dit dans le manifeste de la Commune de Paris aux provinces, « auraient voulu détruire les preuves, au risque de faire de Paris un amas de ruines baignant dans des flots de sang. » Cinq pages d'insultes de tout genre à l'adresse de plusieurs membres du gouvernement actuel et de M. Thiers complètent la première partie de l'Adresse.

Dans la seconde partie, les chefs de l'Internationale exposent à leur manière les événements qui ont amené la guerre civile. A les en croire, M. Thiers, ne trouvant pas de prétexte pour commencer la lutte, a eu recours au mensonge et a prétendu que l'artillerie de la garde nationale était la propriété de l'État. Ce qu'il voulait, c'était désarmer Paris et les ouvriers qui ont fait le 4 septembre et donné à l'Assemblée ses pouvoirs, à cette Assemblée « dont la nomination n'était qu'un des incidents de la révolution. » En dépit des provocations, le Comité central « est resté sur la défensive, laissant les trois cents gardes nationaux qui avaient répondu à l'appel de M. Thiers faire ce qu'ils voudraient. Du 18 mars à l'en-

trée des troupes de Versailles, « la révolution prolétaire
» a eu si peu recours aux actes de violence, que ses ad-
» versaires *n'ont pu se plaindre que de l'exécution des gé-
» néraux Lecomte et Clément Thomas et de l'affaire de la
» place Vendôme.* Or, le général Lecomte avait quatre
» fois ordonné au 81e de tirer et ses soldats l'ont fusillé,
» les habitudes des mercenaires ne pouvant changer au
» moment même où ils tournent casaque. » Quant au
général Clément Thomas, il avait pris part aux journées
de juin, et, pendant son commandement, « avait fait la
guerre, non aux Prussiens, mais à la garde nationale, »
accusant de lâcheté ces bataillons qui ont depuis fait
preuve d'héroïsme. La fusillade de la place Vendôme est
un mythe, une invention de M. Thiers. Les manifestants
du 22 mars n'étaient que des petits crevés, conduits par
des familliers de l'Empire et portant des armes cachées.
Les gardes nationaux, voyant tomber onze d'entre eux
sous les coups de pistolets, ont, après les sommations
régulières envoyé une volée qui a dispersé les imbé-
ciles.

Malgré tout, le Comité, ne voulant pas la guerre civile, a commis la faute de ne pas marcher sur Versailles,
« alors complétement sans ressources, » et de faire pro-
céder aux élections, se montrant à tort conciliant avec
des gens qui se promettaient de le faire disparaître. Les
prisonniers faits par les Versaillais étaient massacrés :
on a menacé de représailles, et les fusillades ont cessé
un instant, mais elles ont recommencé aussitôt qu'on a
eu reconnu « que le décret de la Commune n'était qu'une
vaine menace. » A toutes ces horreurs, l'Assemblée est
restée insensible.

« Les ruraux ont étouffé la voix de Tolain » interpel-
lant le ministre dè la guerre au sujet d'un rapport fait
par un garde national qui devait avoir échappé au
meurtre dont trois de ses camarades avaient été victimes,

et M. Thiers, — c'est par ces mots que se termine le second chapitre de l'Adresse,   déclarait dans ses bulletins que les députés siégeaient paisiblement, montrant, en ce qui le concernait, par ses allées et venues avec des décembristes, « que sa digestion n'était aucunement troublée par les spectres de Lecomte et de Clément Thomas. »

« Le 18 mars, disent les chefs de l'Internationale au commencement du troisième chapitre, Paris s'est levé aux cris bruyants comme le tonnerre de : *Vive la Commune!* Qu'est-donc que la Commune, ce sphinx incompréhensible pour l'esprit bourgeois? »

Nous traduisons ceci littéralement :

« Les prolétaires de Paris, disait le Comité central dans son manifeste du 18 mars (1), au milieu des défaillances et des trahisons des classes gouvernantes, ont compris que l'heure était arrivée pour eux de sauver la situation en prenant en main la direction des affaires publiques... Ils ont compris qu'il était de leur devoir impérieux et de leur droit absolu de prendre en main leurs destinées et d'en assurer le triomphe en s'emparant du pouvoir. » Mais les prolétaires ne pouvaient simplement prendre possession de la machine gouvernementale et l'employer à leur avantage...

» Le cri de république sociale, auquel la révolution de février a été faite par les prolétaires de Paris, n'a fait qu'exprimer leurs vagues aspirations vers une république qui devait non-seulement faire disparaître la forme monarchique prise par le gouvernement d'une classe, mais ce gouvernement lui-même. La Commune est la forme positive de cette république.

(1) Ce manifeste est l'article intitulé *la Révolution du 18 mars*, qui a paru dans le *Journal officiel* de l'insurrection, sous la signature du « délégué du *Journal officiel*, » le citoyen Lebeau, à cette époque.

Paris, la forteresse sociale des ouvriers français, s'est levé pour empêcher Thiers et les ruraux de rétablir les institutions laissées par l'Empire. Il n'a pu résister qu'après s'être débarrassé de l'armée et l'avoir remplacée par une garde nationale dont la masse était fournie par les ouvriers. Aussi le premier décret de la Commune a-t-il ordonné la suppression de l'armée, et mis à sa place le peuple armé.

» La Commune était composée de conseillers municipaux, nommés par le suffrage universel, responsables et révocables à court délai. Les ouvriers y figuraient naturellement en majorité. Cette Commune devait être un corps non parlementaire, mais « travaillant, » exécutif et législatif en même temps.

» Au lieu de rester « l'agent » du gouvernement central, la police fut dépouillée de ses attributions politiques et changée en agent responsable et révocable de la Commune. Tous les employés des diverses branches de l'administration furent placés dans la même situation, et tous, y compris les membres de la Commune, durent remplir leurs fonctions moyennant « le salaire du travailleur. »

» ... Débarrassée de l'armée et de la police, ces éléments de force physique du vieux gouvernement, la Commune s'occupa de briser la force répressive « spirituelle, » le pouvoirs des prêtres, en enlevant aux églises le droit de propriété. Tous les établissements d'instruction publique furent rendus gratuits pour le peuple et délivrés de toute ingérence de l'Église ou de l'État.... Comme tous les officiers publics, les fonctionnaires judiciaires furent soumis à l'élection, responsables et révocables.

» La Commune de Paris était naturellement destinée à servir de modèle « à tous les grands centres industriels de France. » Une fois le régime communal établi dans la capitale et dans les centres secondaires, le vieux gouvernement centralisé devait céder la place au « self-government » des producteurs. Dans une esquisse d'organisation nationale que la Commune n'a pas eu le temps de développer, il est dit clairement que celle-ci était destinée à devenir la constitution politique du plus petit hameau, et que dans les districts ruraux l'armée serait remplacée par une milice nationale dont le temps de service serait très-court.

» Les communes rurales administreraient leurs affaires au moyen d'assemblées de délégués réunis dans une ville désignée comme centre, et ces assemblées enverraient à leur tour à la délégation nationale, à Paris, des délégués révocables et pourvus d'un mandat impératif. Les quelques fonctions importantes relevant encore du gouvernement central ne seraient pas supprimées, mais remplies par des agents communaux responsables. L'unité de la nation, loin d'être détruite, serait établie par la constitution communale, et deviendrait une réalité, grâce à la destruction du pouvoir qui prétendait être la personnification indépendante de la nation et supérieure à elle, quand elle n'en était qu'une excroissance parasite... »

Après avoir essayé de démontrer que la Commune a été mal comprise, et affirmé qu'elle était la forme sous laquelle l'émancipation économique du travail pouvait s'effectuer, les auteurs de l'Adresse continuent :

« C'est une chose étrange. Malgré tout ce qui a été dit et écrit depuis soixante ans au sujet de l'émancipation du travail, les ouvriers d'un pays ont à peine pris leurs affaires en main que les défenseurs de la société actuelle, ayant au sommet le capital et à la base l'esclavage payé, protestent de tous côtes.....

» La Commune, disent-ils, veut abolir la propriété, base de toute civilisation. Oui, messieurs, elle veut abolir cette propriété spéciale à une classe en vertu de laquelle le travail de beaucoup de gens devient la propriété d'un petit nombre. Elle veut faire de la propriété individuelle une vérité, en transformant les moyens de production, la terre et le capital, qui ne servent actuellement qu'à réduire les ouvriers à l'esclavage et à les exploiter, de simples instruments du travail libre et associé. Mais c'est là du communisme, du communisme impossible, messieurs! Les membres des classes dominantes qui sont assez intelligents pour voir que le système actuel n'est pas durable, — et ils sont nombreux, — sont devenus les incommodes et ardents apôtres de la coopération appliquée à la production, qui n'est autre chose que le communisme possible.....

» ..... Le 18 mars est la date de la première révolution qui ait eu pour résultat de faire publiquement re connaître la classe ouvrière comme la seule capable d'initiative sociale (*sic*), même par la grande masse de la classe moyenne à Paris : — boutiquiers, marchands, négociants,   à la seule exception des capitalistes. La Commune avait fait ses partisans des représentants de la classe moyenne par une sage réglementation de cette cause persistante de dispute entre eux, les comptes entre débiteurs et créanciers, et ils s'étaient ralliés à la révolution, parce que l'Assemblée constituante les avait négligés après les journées de juin 1848. Ils sentaient de plus qu'ils devaient choisir entre la Commune et l'Empire. Ce dernier gouvernement les avait ruinés par la centralisation des capitaux qu'il avait produite, les avait annulés politiquement, et enfin, les choquant par ses orgies, les avait insultés dans leur voltairianisme. C'est l'*Union républicaine* qui les représenta.....

» La Commune eut pour elle les paysans, quand elle eut déclaré que les promoteurs de la guerre en paieraient les frais ; c'est qu'il n'était plus question ni de milliard d'indemnité, ni de quarante cinq centimes. De plus, la taxe du sang était.supprimée ; la tyrannie du garde champêtre, du gendarme et du préfet disparaissait. Le paysan était bonapartiste parce que, à ses yeux, la grande révolution était personnifiée dans Napoléon ; il aurait cessé de l'être en reconnaissant son erreur...

Si la Commune, ainsi qu'on le voit, était la vraie représentation de tous les éléments sains de la société française, et par conséquent le gouvernement réellement national, elle se trouvait être en même temps, en sa qualité de gouvernement des travailleurs et d'audacieux champion de l'émancipation du travail, essentiellement internationale.

Sous les yeux de l'armée prusienne, qui venait d'annexer à l'Allemagne deux provinces françaises, la Commune annexait à la France tous les ouvriers de l'univers... Elle admettait tous les étrangers à l'honneur de mourir pour une cause immortelle, nommait un Allemand ministre des travaux publics, honorait les héroïques fils de la Pologne, et pour marquer le commencement de la nouvelle ère historique qu'elle savait inaugurer, jetait bas la colonne Vendôme, ce colossal symbole de gloire militaire, sous les yeux du conquérant prussien et d'une armée bonapartiste conduite par des généraux bonapartistes. »

C'est sur ce ton que les auteurs de l'Adresse continuent de chanter les louanges de la Commune et de glorifier tous ses actes, non sans entremêler leurs louanges d'injures à l'adresse de l'Assemblée, de M. Thiers, des ruraux et des Versaillais. La fin du troisième chapitre est tout entière consacrée à cette besogne. Dans le quatrième, les assassins et les incendiaires sont audacieusement défendus. Ce sont, au dire de l'Adresse, des hommes héroïques qui ont rendu des services à l'humanité. Les représentants légaux de la nation et les braves défenseurs de la société, de la civilisation, sont qualifiés d'indignes criminels ; M. Thiers et ses sicaires, affamés de sang, rappellent les temps de Sylla et des deux triumvirats. Nous faisons grâce à nos lecteurs de ces déclamations de fous furieux.

Cette analyse, déjà trop longue peut-être, est, du reste, précédée des passages les plus caractéristiques du factum et de sa menaçante conclusion.

Cet audacieux mais *précieux* document porte les signatures suivantes :

Le Conseil général,

M.-T. Boon, Fred. Bradnik, C. H. Buttery, Caihil, William Hales, Kolb, Fred. Lessner, B. Lucraft, Georges Milner, Thomas Mottershead, Charles Murray, Georges Odger, Pfauder, Ruehl, Sadler, Cowell, Stepney, William, Townshead ; les secrétaires correspondants : Eugène Dupont (France), Karl Marx (Allemagne et Hollande), Fréd. Engels (Belgique et Espagne), Hermann Jung (Suisse), P. Giovacchini (Italie), Zévi Maurice (Hongrie), Anton Zabicki (Pologne), James Cohen (Danemark), J.-G Eccarius (États-Unis de l'Amérique du Nord); le président : Hermann Jung ; le trésorier : John Weston ; le secrétaire pour les finances · Georges Harris ; le secrétaire général : John Hales.

Nous nous abstiendrons de réflexions ; à chacun de lire et d'apprécier. Disons toutefois encore que l'Adresse, qui contient des menaces directes à l'Angleterre et à l'Allemagne, laisse croire que c'est l'Internationale qui a fait le 18 mars. Elle constate en outre que la funeste Association n'avait pour but final, à Paris, ainsi que cela est explicitement déclaré, *ni le gouvernement à bon marché, ni la vraie République, ces accessoires de la Commune,* et enfin que ses chefs, pour remplacer les guerres nationales dont ils ne veulent plus, prêchent audacieusement et appellent de tous leurs vœux la guerre civile.

Aux peuples, ces délégués de l'enfer donneront l'horrible *Commune sanglante.*

A la civilisation, la sinistre lumière de ce *legs incendiaire* dont Paris, au milieu de l'univers entier, terrifié, haletant, stupéfié, a été la lamentable victime !

II

Le bilan formidable.

*Le miroir des révolutions. — L'insurrection de la Commune
de Paris.*

« Peu savent, la plupart oublient ce qu'ils ont appris,
moins encore utilisent ce dont ils se rappellent. »

Voilà ce que disait un empereur d'Allemagne.

Cette remarque trouve son à propos, en regard des
épreuves qui sont tombées sur la France.

Ni l'histoire des siècles, ni les événements contempo-
rains, ni les avertissements des politiques, ni les éclairs
qui, partis de divers points, sillonnaient l'abîme où cou
rait la France, en le lui marquant ; non, rien n'a pu la
préserver ni rompre le cercle d'illusions où elle se plai-
sait à se tromper elle-même. Il est vrai qu'elle s'est
perdue, suivant les principes de la démocratie, avec et
par le suffrage universel dont on a eu la prétention
sacrilége de faire un Dieu, Dieu aveugle dans la force du
nombre. *Fatum.*

La guerre de 1870, l'esprit parisien, par Leclercq,
montre la nécessité de substituer aux effets dramaturges
de la spéculation les idées sérieuses.

Ce n'est qu'à ce prix que la France peut se relever
dans l'opinion européenne et échapper à la démorali-
sation, à laquelle le mensonge intéressé n'a pas eu une
petite part.

Passant de ce point de vue moral à l'irrécusable démonstration des chiffres, il importe d'en ouvrir le tableau par un aperçu historique.

La prodigalité de l'empire a été dépassée par l'extravagance de M. Gambetta, une de ces imaginations fougueuses, indomptables, qui ne connaissait pas le frein du calcul des possibilités. La Commune, confinée dans Paris, maîtresse de la métropole la plus riche du monde, a laissé loin derrière elle les désordres qui ont signalé la course au clocher des mesures financières, économiques, militaires de la délégation de Tours. M. Gambetta, qui la dominait et l'entraînait à son gré, ne s'est pas montré meilleur intendant des finances que compétent directeur des moyens de la guerre. Carnot, qu'il voulait reproduire, avait organisé la victoire ; lui n'a su qu'attiser la défaite. Tout a failli entre ses mains. Ce qui peut étonner, c'est que la nation endormie, prenant pour paroles d'évangile les bulletins officiels, n'ait vu à demi-clair que lorsqu'elle avait été mise à l'agonie par les *empiriques* transformés en *sauveurs*.

Maintenant, pour bien juger de la difficulté de la tâche qui incombe à M. Thiers, pour que la France voie la différence entre la vérité et l'erreur, le savoir et l'incapacité, entre la franchise et la fausseté, il faut établir le bilan de la situation. Ce passif nous l'avons dit pour l'empire. Voyons celui ci, legs de la Commune incendiaire, que M. Thiers a la mission de liquider par la création de nouvelles ressources et de leur aménagement. Le but de son œuvre sera d'affranchir le sol de l'occupation étrangère et de remettre à flot le navire de la société française désemparée par l'empire, que le flot de la révolution allait engloutir.

Pour apprécier ce que Paris a perdu, il faut rappeler dans quelle situation il était avant cette avalanche des désastres impériaux et révolutionnaires.

En 1866, il contenait 1,800,000 habitants. Sa beauté, ses charmes incomparables, l'univers les connaît. Il était aussi un centre de productions, d'affaires ; le cœur, le créditeur de la France et des grandes affaires de l'Europe.

Aujourd'hui, alors que les communications ouvertes auraient ramené à cette ville une partie de ses fugitifs, on doit porter en diminution 400,000 défaillants, ce qui réduit à 1,400,000, le recensement probable.

Dans ce nombre réduit se trouve aussi la part de la moisson de la mort, par la guerre civile autrement meurtrière que la main prussienne.

En 1860, la Chambre de commerce de Paris a publié un magnifique et intéressant procès-verbal. Il donne 416,811 ouvriers à gages rémunératifs et 133,000 maîtres. La valeur de leur production, y compris les matières premières et les salaires, était de trois milliards trois cent cinquante millions.

En faisant, par rapport aux hommes et aux circonstances, l'imputation de ce que réclame l'état créé par 1870, 1871, la perte, suivant la statistique, ne saurait être portée à moins de deux milliards à deux milliards 500 millions dans le déficit de la *production*.

Mais ce n'est pas tout.

Il faut y ajouter les maisons détruites, estimées cinq cent millions ; les mobiliers et objets d'arts, 300 millions ; les marchandises brûlées, 60 millions.

Qui peut estimer la perte des Tuileries, de l'hôtel de ville, du Palais-Royal, de tous les monuments que la flamme a dévorés ?

Qu'on se représente l'inaction, la paralysie des affaires, l'immense liquidation commerciale financière qui s'en suivra, les conflits des intérêts blessés aux prises, la baisse des valeurs, la disparition d'un grand nombre, les pertes du crédit foncier dont le gage a disparu pour de grosses sommes, le sort fait aux sociétés d'assurances, aux compagnies des chemins de fer; on ne saurait taxer les supputateurs d'exagération en estimant les pertes à un chiffre qui dépasse la *rançon* que la France a été réduite à payer pour le compte de l'homme de Sedan : c'est cinq milliards ; encore M. Thiers a-t il obtenu que la Prusse, insatiable, rapace, ait mis le sinet sur ce chiffre ; il semblait cependant une monstruosité. Hélas ! c'était au nom des susceptibilités du patriotisme et de la république que la France devait recevoir de la *Commune* des blessures bien plus graves !

Pour les guérir et prévenir d'autres désastres irréparables, il faut, comme le disent les grands organes de l'Europe, le génie réparateur de M. Thiers et l'amendement de la France, abjurant ses illusions, son erreur et reléguant, dans la retraite de l'expiation, les gouvernements de pacotille. Racca sur ceux qui ont abusé de la crédulité naïve du suffrage universel par la confusion des plébiscites ! Malédiction sur les révolutionnaires, ces usurpateurs non moins funestes et encore plus dangereux destructeurs du *droit social* au nom du *socialisme !*

Arrière ces adhérents « honteux » de la Commune, ces affiliés secrets de l'Internationale, dont tout le pa triotisme étroit, hargneux, égoïste et exclusivement *personnel,* n'a su que nous amener la ruine et les désastres, en faisant sortir de leur fange, les horribles sicaires aux gages de l'Internationale alliée à la Commune.

COMTE ALFRED DE LA GUÉRONNIÈRE

Château de Thouron (Haute-Vienne).

FRANCE.